CW01669825

YN Y FREUDDWYD
NIA MORAIS

Cyhoeddiadau
barddas

Argraffiad cyntaf: 2026

ISBN: 978-1-911584-99-5

Cyhoeddwyd gyda chymorth ariannol Cyngor Llyfrau Cymru.

Cyhoeddwyd gan Gyhoeddiadau Barddas.
www.barddas.cymru

Gwaith Celf Clawr: Alice Banfield.

Dylunio a Chysodi: Adran Ddylunio Cyngor Llyfrau Cymru.

Argraffwyd gan Y Lolfa.

Cyhoeddiadau
barddas

I fy rhieni,
i Aly

ac i ti, freuddwydiwr

CYNNWYS

PAN O'N I'N UN DEG TRI

cysgais tu ôl i 'ngwallt yn y dosbarth
brwsiais y cyrls allan fel eurgylch o 'nghwmpas
gorweddais yn y bath gan wylio'r gwymon du
plethais yn deidi ar ddiwrnodau gwlyb
gwelais luniau o fy hunan a theimlo cywilydd

gwisgais sgert neu fy ngwallt i lawr
byth y ddau ar yr un pryd
byth yn denu nac yn gofyn am sylw

seiclais i'r ysgol a chyrraedd yn chwysu wedi'r gloch
teimlais y glaw drwy'r tyllau yn fy sgidiau
gadewais y siwmper ail-law gartref

edrychais mas o'r ffenest yn y wers Saesneg
breuddwydiais am y gwartheg yn y cae
dychmygais redeg i ben y bryn
gyda neb i'm styrbio na'm hanwybyddu

gwyliais yr un ffilm bum gwaith mewn wythnos
gan geisio casglu'r haul o'r sgrin
dŵdlais fi fy hun ar ddiwrnod fy mhriodas
a'r dyn heb wyneb wrth fy ochr
edrychais lawr ar fy nghorff
ar fy ffigwr Fenws yn blaguro dan fy ngên

cerddais adref yn meddwl
am y fenyw roeddwn i am fod
tyfais
rwy'n dal i chwilio

PRYDER

Deffraf yn dal Pryder yn fy llaw,
yn llyfn a chrwn fel carreg afon.
Mae'n eistedd yn fy nghledr ac yn mwytho fy mysedd.
Mae'n gofyn imi gyfri pob blinc.

Mae Pryder yn fy lapio mewn meddyliau llwyd
a mwythaf ei gornel sidan ar fy moch.
Llanwa'r holl lwyd awyr Mai,
amliwia arogl y gwair llaith,
gan gylchu yn y gornel fel llafnau ffan.
Mae'n llithro lawr fy llwnc fel moddion,
ac yn dod 'nôl fyny fel llwch.
Rwy'n dechrau chwysu wrth gysgu.
Mae Pryder yn plygu i yfed.

UN TRO, BREUDDWYDIAIS

am frysio adref o'r eglwys wrth i bennau gwympo o'r awyr,
y cymylau'n dywyll fel *meringues* crac
a glaw oer yn cusanu fy ngwyneb wrth redeg.

Ges i alwad gan Mam, ei llais yn llawn panig wrth ofyn,
Beth ddylwn i wneud? Mae gen i'r stof wersylla,
bwyd mewn tuniau, dillad cynnes –
'merch i, roedd rhaid imi gloi'r drws â tithau ar yr ochr arall.
A fydda i'n goroesi epoc fy mhlentyn? Beth ddylwn i wneud?

Roedd y ffôn yn boeth yn fy nwylo
ac fe ddywedodd llais yn fy mhen, *gwna be fynni di yn dy*
oriau olaf.
Mae'r amser wedi dod. Dad-addola dy hunan.
A oes angen i fywyd fod mor anodd?

Es i heibio hen fenyw mewn ffwr, ei dagrau fel gemau, a'i chi
bach
yn hapus yn llyfu pyllau wrth i'r byd gwympo.
Meddai'r llais, *dad-addola dy hunan.*

Beth wyt ti'n ei ofni?
Paid â chau'r cwpwrdd.
Agora'r drws. Gwylia'r ofn yn gwingo yn y golau.

Sibrydodd y llais, *sut mae brodwaith dy fywyd yn edrych?*
Nid i Dduw, ond i ti.
Ble mae'r pwythau'n methu?

Llithrodd fy esgidiau o'm traed, rhedais,
neidiais dros feiciau a gwelyau blodau,
pawb arall yn y stryd wedi rhewi mewn syfrdan.
Paid ag ymladd â ti dy hunan.

Yn y diwedd stopiais ger yr afon
a gwylio'r pennau'n cwympo fel blagur.
Sa i'n siŵr a wnes i gyrraedd adref.

FY MHOBL

Rwy'n hanu o bobl sy'n siarad mewn ymadroddion.
Mae fy mhobl yn rhoi cyngor,
fel rhyddhau ysbryd o faen.
Rwy'n hanu o bobl sy'n gofyn beth yw fy nhras.

Mae fy mhobl yn canu, y cytseiniaid yn cwympo fel rhaeadr
ac yn glynu fy nannedd ynghau.
Pan mae fy mhobl yn dweud jôcs,
rwy'n hanner chwerthin wrth hanner deall.

Rwy'n hanu o bobl sydd â'u sillafau llithrig
yn glanio ar fy nhafod fel glaw.
Teimlaf y geiriau'n plethu fy ngwallt,
yn corddi fy stumog,
yn cau fy llygaid yn erbyn y llifogydd.
A dyma sut mae'n teimlo:
Pistyllio. Lletchwith. Gorlawn. Pendramwnwgl.

DAD

Wrth feddwl amdanat ti gwelaf wlân gwlyb, glaw ar nylon,
yn eistedd ar foned y car yn aros am y sêr
i saethu drosom fel cardiau post o ddiwrnodau,
bywydau, delweddau o blentyndod yn Riverside.
Rwyt ti'n gôr cyfarwydd o gwsg a choffi,
dy lygaid coch yn dychmygu
cynlluniau wedi eu gohirio tan fory, ac yfory, ac yfory.
Mae dy oriawr yn rhedeg ar amser planed arall;
rwyt ti'n addewid mewn fflwcs â realiti,
yn aduno os oes angen, fel cefndryd.

Dydy tadau, oni bai am mewn straeon, ddim yn berffaith.
Ond rwy'n dal i gofio dy sgìl o alw tylluanod yn y tywyllwch,
swyngyfaredd dy graffter yn hudo eu llef o'r goedwig.
Ac ar y nosweithiau pan mae fy mhen yn darlledu unigrwydd
fel lloeren ar drywydd diddiwedd,
rwy'n rhoi fy nghledrau at ei gilydd i dy alw di,
ac aros,
yn fyr o anadl,
nes imi weld y sêr.

DERE I GRUD DY FYWYD

Dere i grud dy fywyd
ym mis y mefus,
bola'n boenus, y lleuad lawn
fel ffrwyth sur yn yr awyr.
Dere, gan gwympo dros gerrig,
bererin chwyddedig 'amser yna'r mis' –
dere i mewn i'r dŵr.
Mae'r tonnau oer yn tasgu
ennaint i'r llygaid, i'r galon, i'r ymennydd,
yma yng nghrud dy fywyd
lle ceir ateb i'r un hen gwestiwn,
yr un gylchred yn troi unwaith eto.
Cymer anadl ddofn fan hyn
a theimla'r dŵr yn cribo dy wallt,
yma ar dy gefn
lle mae'n iawn i grio
wrth nofio yng nghrombil y creu.
Dere i grud dy fywyd, bererin,
mae'r menywod yn dal eu dwylo allan i ti.

CIRCE

Rwy'n hoffi fy moch.
Maen nhw'n rhedeg at y giât bob bore
ac yn gwthio'u trwynau i fy llaw.
Pan rwy'n canu
maen nhw'n rholio drosodd i ddangos eu boliau,
cau eu llygaid, rhochio wrth gysgu.
Maen nhw'n dawel, yn ddiniwed,
ac yn gadael imi gerdded yn eu mysg
wrth i mi ddewis yr un â'r gwddf gwynnaf
sy'n cerdded wrth fy ochr
yn hapus dan y coed,
at ffau wenwynig fy swynion.
Ar ddiwrnod da, fyddai neb yn tybio
taw dynion oeddent o gwbl.

MUSICA MUNDANA

Pythagoras welodd y fathemateg mewn miwsig. Fe wnaeth sens o'r ysbrydion. *Acousmatic*: gair i ddisgrifio cerddoriaeth chi'n ei chlywed ond methu ei gweld; fel yr eiliad rhwng cwsg ac effro pan mae rhywun yn canu'n y gawod a chi'n rhy gynnes i deimlo'ch corff dan y cwrlid. Neu'r boced benodol o aer yn ei cheg pan mae hi'n dweud fy enw, y ffordd mae'r llythrennau'n cwympo i 'nwylo agored.

Ystyria hyn. Mae gan bob planed sy'n bodoli bellter gwahanol o'r haul. Pam mae gitâr yn swnio fel gitâr? Pa mor hir yw darn o linyn? Mae pob perthynas fathemategol yn creu egni, ac maen nhw'n dweud bod e'n swnio fel miwsig. Pob sŵn, yn yr anrhefn, yn lapio dros y lleill, gan greu harmoni. Maen nhw'n dweud nad ydi'r glust ddynol yn medru'i glywed, ond 'swn i'n licio'i glywed e – popeth yn ffitio 'da'i gilydd. Un emyn perffaith.

Rwy'n cwympo i gysgu ar y ffôn, yn dychmygu'i theimlo hi wrth fy nghefn. Mae hi'n dweud ei bod hi'n hoffi fy nwylo, mae'n dal fy llaw yn y stryd, a drycha, maen nhw'n ffitio 'da'i gilydd. Ystyria hyn. Mae'r planedau i gyd mor bell o'i gilydd, ond wrth droelli drwy'r tywyllwch, maen nhw'n creu miwsig. Ac mae'r miwsig yn berffaith. Yn ddwyfol.

Yn y pen draw, jyst tonnau a rhifau ydy'r cyfan. Maen nhw'n dweud nad ydym yn gallu clywed e, ond

rwy'n gallu. Rwy'n gallu. Rwy'n gallu.

AGLÆCWIF

Cerdd am fam Grendel

Gwrach y dŵr ydw i.
Dim marwgan imi,
dim tân yn taflu golau i'r nen,
dim ond hwiangerddi yn sŵn y dŵr sy'n syrthio
o lefydd uchel tuag adref.

Dewines yr ogof dywyll.
Gwaed yn y pridd yw fy emyn i,
cwlwm du bitsh o boen sy'n cyrlio fel cadwyn,
yn glynu i'r tywyllwch.
Sugna'r si-hei-lwli yn y gwagle sydd ar ôl
gan anadlu'n dawel fel llanw hallt.

Hudoles.
Priodferch Annwn.
Gwraighenfil.
Menyw anfad.

Ai dyna fy enw i?

BWYTA LLYGOD

Merched ar glustogau yng ngwyll cannwyll, lleuad drom wrth y ffenest; melyn sâl yn llewyrch y stryd. Pedair merch mewn pedair cornel, gwin du mewn cwpanau plastig. Pedair merch â llygaid gwydr, pedwar corff bach yn cael eu dal yn dynn. Gwefusau'n feddal fel cyffes, dannedd yn galed fel cynnen. Pedwar wyneb yn gwylio, pedair ceg yn agor. Y canhwyllau'n llosgi.

Blynyddoedd wedyn, yn llysieuwyr nawr, maen nhw'n dal i gofio'r lleuad lawn, y ffwr a oedd ar ôl rhwng eu dannedd; dal i gofio'r cyrff esgyrnog ar y carped, defod aflan genethdod: 'Dere, dalia di'n dynn, ac fe wna i frathu.'

CIG

Cwympodd y cig o'r awyr fel anrheg –
rhywbeth i'w bigo o'r dannedd wedi swper:
yn llwyd, yn llipa, ac yn llawn mwydod.
Rhedodd ei hŵyr i mewn o'r iard
gyda lwmpyn o'r stwff yn ei law.
Aethon nhw allan, gwylio'r cig yn glanio yn y llwch,
y brain yn disgyn ar ei ôl.

Gyda'r nos – o gwmpas y bwrdd,
canhwyllau'n tagu ym magl y gwynt –
dywedon nhw ddim am y gyts tu allan.
Dim byd am y glaw'n hydoddi'r cnydau,
na'r afon yn cropian tuag at y banc –

roedd ei chof yn pylu
a'r dyddiau'n tynnu tuag at yr hydref.
Weithiau, roedd hi'n codi'r fasged o'r llawr
ac yn mynd allan i nôl y golch,
fel petai hi'n ferch ifanc eto.

CWYMPO

Wrth i fy rhieni yrru i'r ysbyty, rwy'n eistedd
ar soffa fy nghymdogion, yn tynnu cribau Mair
    o fy nghledrau.
Does gen i ddim syniad
taw dyma oriau olaf Taid.
Dyma fi'n egluro 'mod i wedi
sleidio lawr bryncyn wrth gerdded y ci,
ac rwy'n trio gwneud iddyn nhw chwerthin.
Rwy'n mynd adref i gysgu gyda fy nwylo dros fy mhen
fel taswn i ar fin tynnu'r to i lawr.

Yn y bore daw Mam i mewn
gyda brechdan wy wedi'i ffrio, a'r newyddion
y caf aros adref o'r ysgol heddi, os hoffa i.
Llithra'r melynwy dros fy mysedd,
fy nghledrau coch, fy ngarddyrnau –
a dyma fi'n adrodd y stori eto i mi fy hun:
sut wnes i sleidio lawr y bryncyn wrth gerdded y ci,
y gwair yn wlyb, finnau'n taflu fy nwylo allan
i stopio fy hun rhag cwympo.

NAIN

Brenhines popeth dan dy olwg,
roedd gennyt ti lygaid llym, bys
a oedd yn pwyntio fel melltith,
cyhuddiad fel sbotolau yn y tywyllwch.

Dehonglwraig,
rwy'n dy ddychmygu di mewn mantell o groeseiriau
gyda beiro yn dy law ac atebion ar flaen dy dafod
cyn i'r holwr hyd yn oed feddwl am gwestiwn.

Arloeswraig,
roedd gennyt jôc sych o hyd,
dim amser ar gyfer bechgyn drwg,
a'r pŵer seicig o wybod pryd byddai'r bwffe'n agor
mewn unrhyw briodas.
Ro'n i'n arfer gadael dy gartref
gyda chreision,
persawr,
tuniau bisgedi gwag,
poteli sebon drud –
rwy'n cyrraedd adref nawr gyda dy emwaith.

Bardd,
rwy'n pori drwy dy bapurau,
yn meddwl eto am y stori amdanat
yn dysgu sut i ddreifio yn stormydd eira Llundain,
gan obeithio fod y siwrne hon yn haws.

A than hynny,
rhof y tegell ymlaen
fel merch dda,
ac aros i dy weld di eto.

BYDDA I'N HEN FENYW RYFEDD

Wedi ei hysbrydoli gan Radmila Lazić

Bydda i'n hen fenyw ryfedd,
un sy'n siarad â'i hun,
fel rwyf nawr.
Nid un sy'n gynnes a chysurus,
yn llonydd fel llun,
a'i gwên a'i gwallt yn eu lle –
bydda i'n gwisgo cot law ym mhob tywydd,
yn sibrwd fel sliperi dros y palmant
gyda 'nhrwyn ar goll mewn llyfr,
neu'n dilyn dynion ifanc,
yn crawcio arnynt i dynnu eu trowsus lan
ac yn taflu sbwriel at eu pennau mawr, sgwâr.
Byddaf yn tendio gardd lawn blodau duon
ac yn dysgu'r brain i lanio ar fy llaw.
Mewn sgyrsiau dywedaf y pethau rong
a gweld y sillafau'n sblatio rhyngom fel hufen iâ.
Fydda i ddim yn llenwi tawelwch.
Yn fy henaint
bydda i'n fenyw ryfedd
fel rwyf nawr.

CYNGOR ARIANRHOD I BLODEUWEDD

Dydy bod yn fenyw ddim yn hawdd.
Rwyt ti'n treulio dy ddiwrnodau'n gweu ac yn canu
tra mae dynion yn cael reidio
o gwmpas y wlad yn arllwys gwaed.
Ac yna, pan ti'n meddwl dy fod yn gwybod y drefn,
fe ddaw dy dro i briodi.
Yn flodau neu beidio, rwyt ti'n wrthrych,
fel pob menyw arall. Maen nhw'n sibrwd,
paid ag anghofio taw croth wyt ti –
ogof gynnes – gwagle o le y daw pethau gwell.
Rwy'n dweud, *paid ti byth ag anghofio dy wreiddiau.*
Dy grafangau. Dy big.

GLAW

Glaw, glaw ar y ffenest,
glaw ar y toeau,
y coed, y ffyrdd;
gwledd o law,
cywilydd o law,
glaw sydd methu helpu'i hun,
sy'n dod eto ac eto
ac yn dripian i lawr y gwydr;
glaw sy'n cosi, gwlychu, gwrido
mewn cariad gwyrthiol, gwlyb,
gyda'r byd.

YN Y FREUDDWYD

ry'n ni'n deffro ac mae amser wedi stopio.
Y pedwar ohonom yn nhŷ anniben fy mhlentyndod
a'r haul yn cochi'r ffenest.
Mae'r stryd o dai yn llonydd,
yr awel wedi rhewi
a'r aer yn drwchus fel mêl.
Mae Dad yn ei ffordd dawel
yn plymio i'r byd tu allan
i chwilio am fwyd,
am lygad, am wyneb cyfarwydd;
a ninnau'r plant yn dechrau gweiddi, heb feddwl
am y ffigwr mamol ynghwsg lan stâr.
Erbyn pedwerydd mis y tawelwch mawr
ry'n ni'n wyllt,
yn swnllyd yng nghyfnos ein 'diwedd byd',
peintiadau'n llenwi waliau ein hogof,
yn nofio trwy olau diddiwedd ein gwawr olaf.
I'r ffigwr yn y ffenest
(sydd ddim yn bodoli)
ry'n ni bron yn edrych
fel teulu.

Y RHOS

Er cof am Keith Bennett a Winnie Johnson

Ar ôl i'r panig bylu
aeth dy fam i gerdded ar y rhos.
Dan bowlen las yr awyr
cerddodd dy fam,
gan gamu'n ofalus dros feddfeini'r mwsoglau,
heibio hymian y gors.
Dy fam, ar ysgwyddau'r rhos
yn cerdded,
ei hanadl ym magl y mewn-ac-allan,
cwningaroedd yn cyrraedd ei phengliniau,
tyllau tywyll fel llygaid yn y glaswellt.
Aeth dy fam i gerdded.
Wrth i'r ceirw bori a'r cwningod chwarae,
ac wrth i'r haul droi fel olwyn drwy bowlen las yr awyr,
tyfodd cytrefi o bridd o dan ei hewinedd.
Cwympodd ei chariad fel glaw,
fel y gallai warchod y ddaear, ei thendio, meithrin, cneifio,
ei charu digon i dy dynnu di o'r mwd
yn feillionen fregus yn ei dwylo.

Trodd yr haul a'r lleuad
ac fe gerddodd dy fam drwy'r tymhorau,
ar hyd ysgwyddau'r rhosydd
wrth i ti orwedd dan feddfaen y mwsogl
ym mreichiau mamol y pridd,
yn aros i'w gweld hi eto.

Ond ar ôl i dy fam gael ei chladdu
yng nghanol rhes deidi o feddfeini llwm,
agorodd y ddaear,
ac roedd y gors yn hymian,
y ceirw'n pori,
y cwningod yn chwarae –
ac yn awr, ar ysgwydd rugog y rhos,
rwyt ti a dy fam yn cerdded eto.

GWAITH LLAW

Pa mor hen yw'r gardigan 'na?

Bron mor hen â ti.
Dyna'r peth cynta greais i ar ôl yr ysgariad.
Y nosweithiau hir
bron cyn drymed
â'r gwagle'n atseinio drwy'r tŷ.
Dyw hi ddim yn dda iawn, a bod yn onest –
y pwythau'n llac, y patrwm fel creadur gwyllt.
Pan rwy'n edrych arni, rwyf eisiau'i datod a dechrau eto.

Na, Mam. Dy waith di yw hi – mae hi'n brydferth.

Creais i ti hefyd, cofia.
Pam na wnei di ei gwisgo hi?
Yna fe gei di gofio –
hyd yn oed ar dy ddyddiau isa,
pwythau dy ddewrder yn llacio,
dy ymennydd fel creadur gwyllt –
taw fy ngwaith i wyt ti.
Hyd yn oed ar fy nyddiau gwaethaf
rwy'n teimlo'n berffaith,
achos ti greodd fi.

BETH YW PWRPAS BREUDDWYDIO?

Prosesu. Gweithio mas be ddigwyddodd i ti heddiw a sut ti'n teimlo amdano fe. Mynd yn ôl i dy blentyndod. Cerdded trwy goedwigoedd tywyll. Ffeindio gwagleoedd rhwng y sêr. Cwrdd â phobl o lefydd pell. Mynd yn styc yn y we enfawr o brofiadau dynol sy'n stretsio'n ôl i ddechrau amser. Cofio pethau ti 'di anghofio. Siarad gyda Nain eto. Dawnsio yng nghlwb y nefoedd. Profi nad yw'r byd yn mynd i ffrwydro os wyt ti'n hwyr i'r gwaith. Tyfu'n fawr. Shrincio'n fach. Rholio yn y gwair. Cael secs. Trio ffeindio toiled glân. Ateb cwestiynau. Dweud dy ddweud. Casglu storis newydd i'w sgwennu. Bod yn ofnus. Bod yn grac. Goroesi *zombie apocalypse*. Snogio rhywun. Siarad gyda rhywun ti 'di blocio. Drysu dy hunan hyd yn oed mwy.

GWAWR

Wrth gysgu ar fy mol
y gwlith yn bedyddio fy nghefn
mae haid o bryfed yn gweld drws agored
maen nhw'n dod i lawr y coridor
yn troi'r gornel
ac yn gweld fy ngheg feddal wag
ac yn llithro lawr fy llwnc fel surop
maen nhw'n bownsio ar waliau fy stumog
yn fy llenwi a'm chwyddo i
rwy'n codi fel balŵn mewn ysbyty
ac yn drifftio rownd y gornel
i lawr y coridor
dros reilin y balconi
pan ddeffra'r byd, welan nhw fi
yn troelli yn dychlamu
ger golau gwelw lamp y stryd
maen nhw'n arafu'u ceir ac yn stopio
ar y stepen ddrws
yn siglo'u pennau yn mwytho'u genau
yn gofyn be nawr ble'r
aiff hi o fan'na
ond dydw i ddim yn eu clywed.

Rwy'n perfformio
dawns *ballet* addfwyn y wawr
a theimlaf aer y bore fel niwl gwlyb byw o'm cwmpas
fi yw'r darn o awyr
sy'n troi'n binc fel ffrog morwyn briodas
fy mola'n hymian, hynawf
fi sy'n rhagweld
yr haul.

CYSGU GYDA HI

Wedi ei hysbrydoli gan Ellen Bass

Dan awel swrth y ffan gorweddwn
fel grug yn cydio yn ochr bryn,
dwy ofodwraig fechan, a'r byd
yn troelli o'n cwmpas, yn teithio'n gyflymach,
yn chwyddo, yn ei heglu hi
tuag at ddinistr. Tu allan
mae'r ddinas yn gacoffoni,
cymylau gwyn, arogl mwg yn yr awyr,
a'r tân gwyllt yn codi,
yn ffrwydro, yn blaguro
fel cwrelau o wely'r môr.
Fi a hi, dau greadur y dyfnfor,
yn rholio gyda'r cerrynt,
ein goleuadau'n ymestyn fel breichiau
am rywbeth i'w ddal yn y düwch.

MORFILOD

Mae morfilod yn canu, wrth gwrs, ac adar hefyd; ac enw arall ar y môr, yr hen air Sacsonaidd, yw *ffordd-y-morfil* – y *morfil-ffordd*. Felly, dychmyga'r morfilod, lawr 'na, ymhell i lawr, yn crwydro'r morfil-ffordd, ar ddiwrnod braf, ac yn chwibanu.

Mae adar yn chwibanu, wrth gwrs; ond sgwn i ba sŵn wnaethon nhw mewn oesoedd cynhanesyddol, yng nghoedwigoedd swnllyd a gwlyb o'r cyfnod Cretasig? A beth am yr *hadrosauridae*, madfallod mawr â phigau fel hwyaid? A oedden nhw'n canu'n dôn gron wrth gneifio glaswellt dan yr haul gwyn? Yr harmonïau'n adeiladu wrth i'r seren uwchben sleifio'n nes?

Yn nyfroedd y Cefnfor Tawel mae morfilod, wrth gwrs, yn cael eu gweld fel pobl; yn mwynhau hawliau dynol; yn cael eu gwarchod gan ddinasyddiaeth gyfreithiol. Felly, dylai'r morfilod ddeffro'n y bore, chwibanu'n ddiog yn nhraffig y morfil-ffordd, a theithio tuag at y llysoedd, at ddiwrnod diflas arall yn y gwaith? Neu a ddylwn i, wrth nofio o dan fôr diddiwedd yr awyr hon, ddysgu sut i ganu?

BYDDAF YN TROI YN SGWARNOG

Wedi ei hysbrydoli gan eiriau Isobel Gowdie a gyffesodd i ddewiniaeth yn yr Alban yn 1662

Byddaf yn troi yn sgwarnog
gyda gofal ac ochenaid fawr
byddaf yn troi yn sgwarnog
ac yn enw'r diafol af i orffwys

rwyf wedi bod yn llygoden
yn crynu, yn gynnes yn y tywyllwch
rwyf wedi bod yn gath fach
yn ymestyn fel llaeth dros y llawr

rwyf wedi bod yn llygaid yn y llwyni
rwyf wedi bod yn galon yn y coed

felly byddaf yn troi yn sgwarnog
byddaf yn gefnsyth
llonydd
ac yn enw'r diafol
dof adref i orffwys

PRIDD DU

Byddan nhw'n adrodd am yr wylo yn y theatr,
adeiladau'n cwympo yn nrych y Tafwys.
Byddan nhw'n canu am y cerflun
yn troi ei gefn yn y sgwâr,
y gwaed yn golchi'r tywod gyda'r llanw.

Dylen nhw fod wedi talu sylw.

Dylen nhw fod wedi gwenu, dweud diolch, cau eu cegau,
    camu i ffwrdd,
cadw eu dwylo yn eu pocedi, peidio â chyffwrdd.
Ni ddylen nhw fod wedi hollti dy groen,
crafangu dy ferched, dy ddwylo'n wag.

Byddan nhw'n cwyno fod yr holl beth yn syndod
pan fo'r corff olaf yn cwrdd â'r fflamau,
y ddinas wedi ei llosgi'n lludw.

Dylen nhw fod wedi talu sylw.

A bydd neb yn dy ddisgwyl di,
yn llonydd ar ben y pridd du
pan fydd y mwg yn clirio.

Dyna ti, frenhines yr Iceni –
dy ddagrau'n llychlyd, dy ddwylo'n ddyrnau o ddicter,
y siarcol yn dy galon
yn ennyn
yn aros
i ffrwydro.

—

Yn AD 60 neu 61, arweinodd y Frenhines Buddug wrthryfel yn erbyn y Rhufeiniaid yn sgil marwolaeth ei gŵr, Prasutagus. Llwyddodd byddin Buddug i losgi Camulodunum (Colchester) a Londinium (Llundain) yn ddigon trylwyr i adael haenen o ludw yn y pridd, ac mae'r haenen honno o bridd yno hyd heddiw. Cafodd ei henwi'n haenen Buddug neu haenen dinistr Buddug (Boudican destruction horizon). Amcangyfrifir bod rhwng 30,000 a 70,000 o bobl wedi'u lladd.

AR Y STÂR

Yn ôl ei chwaer, gwelodd Mari'r dyn ar y stâr
un bore Sul cyn capel
mewn cot goch fel mafon
a'i wallt wedi'i gribo'n deidi.
Plygodd y dyn ar y stâr
a sibrwd yng nghlust Mari
bethau na ddylai merch dda eu clywed.
Roedd bochau Mari'n goch am wythnos gyfan.
Ni aeth Mari i'r ysgol Sul wedyn.
Yn ôl stori ei chwaer,
aeth hi allan yn y bore
a dod 'nôl gyda'r nos
a'i gwallt yn llawn dail.
Doedd neb yn gweld y dyn ar y stâr,
neb ond Mari, ei chot goch newydd
yn cuddio'i bola crwn,
ei llygaid yn llawn cysgodion.
Does neb yn gweld Mari rhagor.
Does neb yn clywed y chwerthin yn y coed,
neb yn ffeindio brethyn lliw mafon ar y brigau
neu'n gweld y ffigwr bach yn pipo drwy'r ffenest
ac yn rhedeg i ffwrdd ar ei goesau gafr.
Yn ôl ei chwaer, dydy Mari ddim yma rhagor,
ond weithiau mae'n dod i sefyll ar y stâr.

BETH YW MENYW?

Pwyntiau bwled o bethau i'w cofio
sgribls ar gefn llaw a nodiadau ar y ffôn
rhestr ddiddiwedd o dasgau i'w cyflawni

dwylo
yn twtio gwallt / yn chwilio am waled
yn sychu dagrau / yn teimlo'r galon yn crynu
fel cyw yn ymdarddu o'r wy
dwylo sy'n dal / cwtsho / gadael i'r adenydd
ymennydd
ymestyn

menywod sy'n pasio papur tŷ bach
yn chwipio tampon o ddyfnderoedd y bag
gweiddi 'NA' i'r ferch sy'n pendroni am decstio 'nôl
gweiddi 'NA' yn wyneb yr heddwas

gwers wnïo yw menyw
mae'n dysgu sut i wau'r ofn a'r balchder
a'r dicter a'r cyffro a'r cariad a'r boen

gwaedd yw menyw
yn cramio mewn i'r stadiwm
neu'n sgrechian ar lawr y disgo
cadwyn yw menyw
yn martsio ochr yn ochr
cytundeb yw menyw
sy'n mynnu drosodd a throsodd
os dych chi'n brifo un ohonom, chi'n brifo ni i gyd

SWYN I DDOD Â RHYWBETH 'NÔL

Dewch, ddwylo,
dewch i gloddio yn y pridd
a ffeindio yn y tywyllwch clud
wreiddiau rhywbeth sy'n tyfu.

Dewch, draed,
yn drwm ar ôl diwrnodau anial,
dewch i glywed y curiad sy'n eich galw i ddawnsio.

Clywch nawr,
fel symffoni'n chwyddo,
danau'n crynu
a'r taranau'n trywanu
lan priffordd dy gefn.

Dyma'r eiliad.
Yng nghadeirlan y canopi clywn geffylau rhyfel,
metal yn crasio, mellt yn gwrthdaro;
clywn y tir yn llithro
mewn dilyw o waed
i lawr y blynyddoedd
a'r edefyn yn dal i dynnu.

Dewch yn ôl i sŵn y neiniau'n wylo,
yn gwehyddu eu galar fel carthenni dros y bryniau.
Teimlwch yn y mwd gresendo tragwyddol y clychau
yn rhaeadru canu, yn eich galw adref.

O'r afon i'r môr,
o'r mynyddoedd i'r clogwyn
agorwch eich llygaid, eich calonnau,
eich cegau,
a bydd y gân yn tyfu gwreiddiau yn eich tir.

—

Mewn gweithdy rhwng pobl ifanc Cymru a phobl ifanc Palesteina, defnyddiais y gerdd 'How to Write a Poem in a Time of War' gan Joy Harjo i ysbrydoli tasg ysgrifennu. Dyma gerdd wedi ei hysbrydoli gan eiriau'r bardd wrth gyflwyno'r gerdd: 'We came back because ... somebody planted a song that brought us back.'

ECLIPS

Maen nhw'n dweud fod croen afal
wedi'i daflu dros ysgwydd
yn sillafu enw dy gariad.
Yma ar noson wyntog ym mis Medi,
y lleuad yn codi'n dew ac yn wyn tu ôl y stadiwm,
rwy'n sefyll wrth y bwrdd torri
yn gwneud crymbl.
Cnawd llachar fel gwaed,
enwau fel Redlove, Kissabel,
a'r sudd yn tasgu lan y waliau.
Ffenest ar agor i wahodd yr awel,
dy lais yn chwerthin, yn nofio i lawr y coridor.
Wrth i'r byd daflu ei gysgod dros y lleuad
mae'r ddinas yn dal ei hanadl –
ac yn y tywyllwch rwy'n taflu'r crwyn dros fy ysgwydd.
Pan ddaw'r golau 'nôl
bydd pob sgrapyn yn galw dy enw di.

RHITH

Mae Tad-cu'n ymddangos un noson
mewn breuddwyd, mewn neuadd lawn heulwen.
Treuliais y diwrnod hwnnw'n llosgi ar y balconi,
yn gwylio'r strydoedd gwag yn ymestyn,
y radio'n adleisio'n y cefndir,
nifer y cleifion yn dringo bob eiliad.
Mae Tad-cu yn gafael yn fy nwylo
ac rwy'n blasu tomatos yn coginio,
teimlo papur wal y stafell ffrynt
dan fysedd brwnt fy nghof. Yn ôl Google,
mae Hindŵiaid yn credu fod ysbrydion
yn bobl a fu farw mewn ffyrdd treisiol.
Mae Bwdistiaid yn credu fod ysbrydion
yn ceisio cydbwyso'u karma.
Mae Tystion Jehofa'n credu
fod ysbrydion yn gythreuliaid cas;
ond mae Tad-cu'n cyrraedd
ac yn dal fy nwylo'n dynn.
Yn y neuadd lawn heulwen mae'n pwyso'n nes
ac yn dweud:
mewn amseroedd tywyll
mae 'na wastad droad tuag at y golau.
Yn y bore rwy'n deffro ac yn mynd i'r balconi.
Mae'r haul yn gwawrio, yr awyr wedi'i phaentio ag aur.

HEFYD YN Y GYFRES

Cariad Yw

Casi Wyn

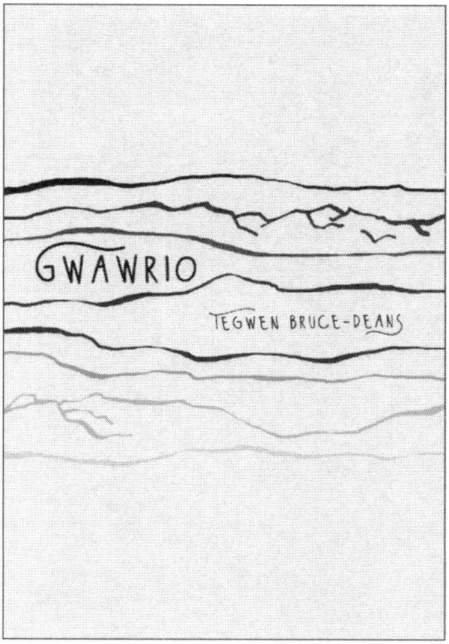

Gwawrio

Tegwen Bruce-Deans

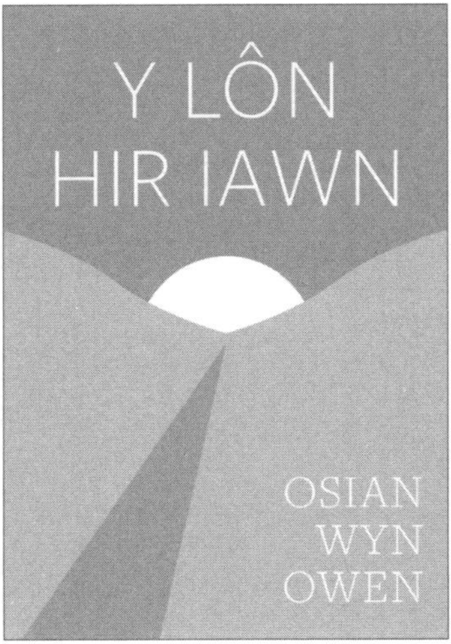

Y Lôn Hir Iawn
Osian Wyn Owen

Rhwng Gwlân a Gwe
Anni Llŷn

Ar Ddisberod

Elan Grug Muse

Eiliad ac Einioes

Casia William

Gadael Rhywbeth

Iwan Huws

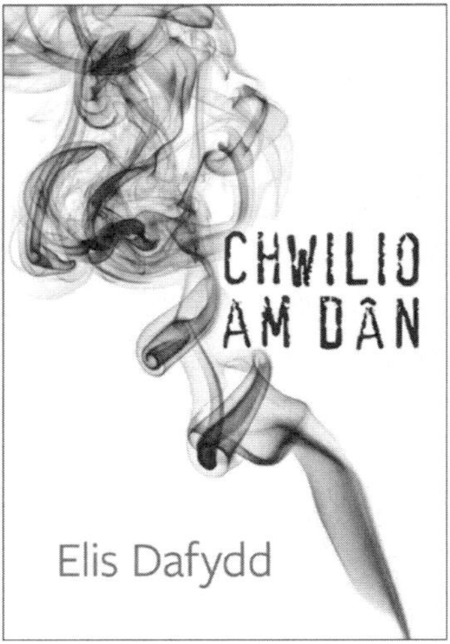

Chwilio am Dân

Elis Dafydd

Hel Llus yn y Glaw

Gruffudd Owen

Ni Bia'r Awyr

Guto Dafydd

Cyhoeddiadau
barddas